Mijn tweetalige prentenboek

Mein zweisprachiges Bilderbuch

Sefa's mooiste kinderverhalen in één bundel

Ulrich Renz • Barbara Brinkmann:

Slaap lekker, kleine wolf · Schlaf gut, kleiner Wolf

Voor kinderen vanaf 2 jaar en ouder

Cornelia Haas • Ulrich Renz:

Mijn allermooiste droom · Mein allerschönster Traum

Voor kinderen vanaf 2 jaar en ouder

Ulrich Renz • Marc Robitzky:

De wilde zwanen · Die wilden Schwäne

Een sprookje naar Hans Christian Andersen

Voor kinderen vanaf 5 jaar en ouder

Special thanks to Paul Bödeker, Freiburg, Germany

ISBN: 9783756304097

sefa

Lezen · Luisteren · Begrijpen

Slaap lekker, kleine wolf

Schlaf gut, kleiner Wolf

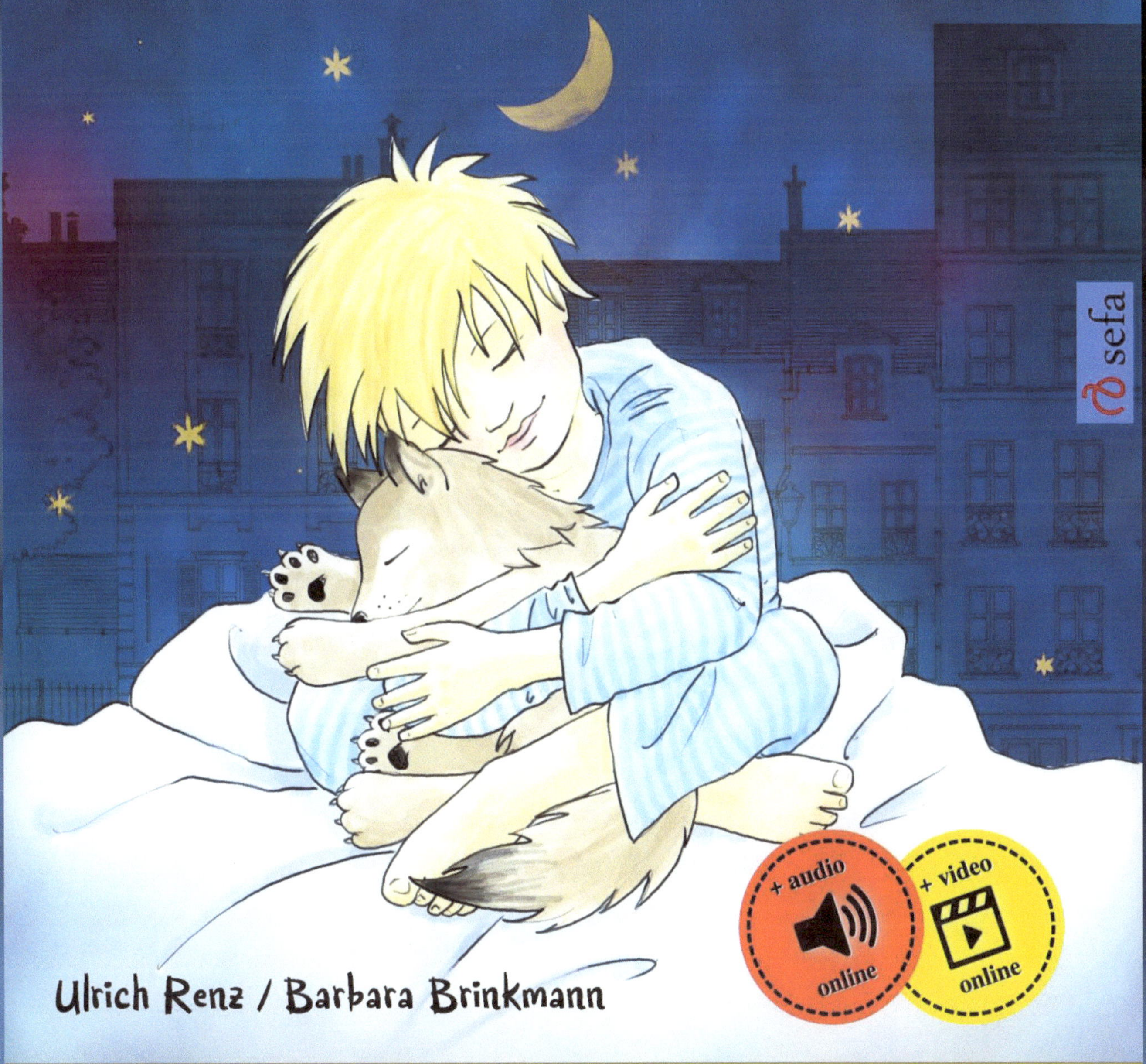

Ulrich Renz / Barbara Brinkmann

Nederlands tweetalig **Duits**

Vertaling:

Jonathan van den Berg (Nederlands)

Luisterboek en video:

www.sefa-bilingual.com/bonus

Gratis toegang met het wachtwoord:

Nederlands: **LWNL2321**

Duits: **LWDE1314**

Goedenacht, Tim! We zoeken morgen verder.

Voor nu slaap lekker!

Gute Nacht, Tim! Wir suchen morgen weiter.

Jetzt schlaf schön!

Buiten is het al donker.

Draußen ist es schon dunkel.

Wat doet Tim daar?

Was macht Tim denn da?

Hij gaat naar de speeltuin.

Wat zoekt hij daar?

Er geht raus, zum Spielplatz.

Was sucht er da?

De kleine wolf!

Zonder hem kan hij niet slapen.

Den kleinen Wolf!

Ohne den kann er nicht schlafen.

Wie komt daar aan?

Wer kommt denn da?

Marie! Ze zoekt haar bal.

Marie! Die sucht ihren Ball.

En wat zoekt Tobi?

Und was sucht Tobi?

Zijn graafmachine.

Seinen Bagger.

En wat zoekt Nala?

Und was sucht Nala?

Haar pop.

Ihre Puppe.

Moeten de kinderen niet naar bed?

De kat is erg verwonderd.

Müssen die Kinder nicht ins Bett?

Die Katze wundert sich sehr.

7
vitrerie
chez Martin

Wie komt er nu aan?

Wer kommt denn jetzt?

De mama en papa van Tim!

Zonder hun Tim kunnen zij niet slapen.

Die Mama und der Papa von Tim!

Ohne ihren Tim können sie nicht schlafen.

En er komen nog meer! De papa van Marie.

De opa van Tobi. En de mama van Nala.

Und da kommen noch mehr! Der Papa von Marie.

Der Opa von Tobi. Und die Mama von Nala.

Nu snel naar bed!

Jetzt aber schnell ins Bett!

Goedenacht, Tim!

Morgen hoeven we niet meer te zoeken.

Gute Nacht, Tim!

Morgen müssen wir nicht mehr suchen.

Slaap lekker, kleine wolf!

Schlaf gut, kleiner Wolf!

Cornelia Haas • Ulrich Renz

Mijn allermooiste droom

Mein allerschönster Traum

Vertaling:

Gino Morillo Morales (Nederlands)

Luisterboek en video:

www.sefa-bilingual.com/bonus

Gratis toegang met het wachtwoord:

Nederlands: **BDNL2321**

Duits: **BDDE1314**

sefa
+ audio
+ video
Mijn allermooiste droom
Mein allerschönster Traum
Cornelia Haas · Ulrich Renz
Nederlands
tweetalig
Duits

Lulu kan niet slapen. Alle anderen zijn al aan het dromen – de haai, de olifant, de kleine muis, de draak, de kangoeroe, de ridder, de aap, de piloot. En het leeuwenwelpje. Zelfs de beer heeft moeite om zijn ogen open te houden …

Hé beer, neem je me mee in je dromen?

Lulu kann nicht einschlafen. Alle anderen träumen schon – der Haifisch, der Elefant, die kleine Maus, der Drache, das Känguru, der Ritter, der Affe, der Pilot. Und der Babylöwe. Auch dem Bären fallen schon fast die Augen zu …

Du Bär, nimmst du mich mit in deinen Traum?

En zo bevindt Lulu zich in berendromenland. De beer is vissen aan het vangen in Meer Tagayumi. En Lulu vraagt zich af: wie woont daarboven in de bomen?

Wanneer de droom voorbij is, wil Lulu nog meer beleven. Kom mee, laten we de haai bezoeken! Wat zou hij nu dromen?

Und schon ist Lulu im Bären-Traumland. Der Bär fängt Fische im Tagayumi See. Und Lulu wundert sich, wer wohl da oben in den Bäumen wohnt? Als der Traum zu Ende ist, will Lulu noch mehr erleben. Komm mit, wir besuchen den Haifisch! Was der wohl träumt?

De haai speelt tikkertje met de vissen. Eindelijk heeft ook hij vrienden!
Niemand is bang voor zijn scherpe tanden.
Wanneer de droom voorbij is, wil Lulu nog meer beleven. Kom mee, laten we de olifant bezoeken! Wat zou hij nu dromen?

Der Haifisch spielt Fangen mit den Fischen. Endlich hat er Freunde! Keiner hat Angst vor seinen spitzen Zähnen.
Als der Traum zu Ende ist, will Lulu noch mehr erleben. Kommt mit, wir besuchen den Elefanten! Was der wohl träumt?

De olifant is zo licht als een veertje en kan vliegen! Hij staat op het punt om te landen in de hemelse weide.
Wanneer de droom voorbij is, wil Lulu nog meer beleven. Kom mee, laten we de kleine muis bezoeken! Wat zou zij nu dromen?

Der Elefant ist so leicht wie eine Feder und kann fliegen! Gleich landet er auf der Himmelswiese.
Als der Traum zu Ende ist, will Lulu noch mehr erleben. Kommt mit, wir besuchen die kleine Maus! Was die wohl träumt?

De kleine muis is naar de kermis aan het kijken. De achtbaan vindt ze het leukste.
Wanneer de droom voorbij is, wil Lulu nog meer beleven. Kom mee, laten we de draak bezoeken! Wat zou hij nu dromen?

Die kleine Maus schaut sich den Rummel an. Am besten gefällt ihr die Achterbahn.

Als der Traum zu Ende ist, will Lulu noch mehr erleben. Kommt mit, wir besuchen den Drachen! Was der wohl träumt?

De draak heeft dorst van al het vuurspugen. Hij zou graag het hele limonademeer leegdrinken.

Wanneer de droom voorbij is, wil Lulu nog meer beleven. Kom mee, laten we de kangoeroe bezoeken! Wat zou zij nu dromen?

Der Drache hat Durst vom Feuerspucken. Am liebsten will er den ganzen Limonadensee austrinken.

Als der Traum zu Ende ist, will Lulu noch mehr erleben. Kommt mit, wir besuchen das Känguru! Was das wohl träumt?

De kangoeroe springt door de snoepfabriek en vult haar buidel. Nog meer gummibeertjes! En drop! En chocolade!
Wanneer de droom voorbij is, wil Lulu nog meer beleven. Kom mee, laten we de ridder bezoeken! Wat zou hij nu dromen?

Das Känguru hüpft durch die Süßigkeitenfabrik und stopft sich den Beutel voll. Noch mehr von den blauen Bonbons! Und mehr Lollis! Und Schokolade!
Als der Traum zu Ende ist, will Lulu noch mehr erleben. Kommt mit, wir besuchen den Ritter! Was der wohl träumt?

De ridder is bezig met een taartgevecht met de prinses van zijn dromen.
Oeps! De slagroomtaart gaat ernaast!
Wanneer de droom voorbij is, wil Lulu nog meer beleven. Kom mee, laten we de aap bezoeken! Wat zou hij nu dromen?

Der Ritter macht eine Tortenschlacht mit seiner Traumprinzessin. Oh! Die Sahnetorte geht daneben!
Als der Traum zu Ende ist, will Lulu noch mehr erleben. Kommt mit, wir besuchen den Affen! Was der wohl träumt?

Eindelijk is er sneeuw gevallen in Apenland. De hele groep apen is door het dolle heen. Het is een echte apenkooi.

Wanneer de droom voorbij is, wil Lulu nog meer beleven. Kom mee, laten we de piloot bezoeken! Wat zou hij nu dromen?

Endlich hat es einmal geschneit im Affenland! Die ganze Affenbande ist aus dem Häuschen und macht Affentheater.

Als der Traum zu Ende ist, will Lulu noch mehr erleben. Kommt mit, wir besuchen den Piloten! In welchem Traum der wohl gelandet ist?

De piloot vliegt verder en verder. Naar het einde van de wereld en nog verder, helemaal tot aan de sterren. Geen andere piloot heeft dat ooit gedaan. Wanneer de droom voorbij is, is iedereen al heel moe en willen ze niet meer zo veel beleven. Maar toch willen ze het leeuwenwelpje nog bezoeken. Wat zou zij nu dromen?

Der Pilot fliegt und fliegt. Bis ans Ende der Welt und noch weiter bis zu den Sternen. Das hat noch kein anderer Pilot geschafft.
Als der Traum zu Ende ist, sind alle schon sehr müde und wollen nicht mehr so viel erleben. Aber den Babylöwen wollen sie noch besuchen. Was der wohl träumt?

Het leeuwenwelpje heeft heimwee en wil terug naar haar warme, knusse bed.
Dat willen de anderen ook.

En daar begint ...

Der Babylöwe hat Heimweh und will zurück ins warme, kuschelige Bett.
Und die anderen auch.

Und da beginnt …

... Lulu’s allermooiste droom.

... Lulus
allerschönster Traum.

Ulrich Renz • Marc Robitzky

De wilde zwanen

Die wilden Schwäne

Vertaling:

Christa Kleimaker (Nederlands)

Luisterboek en video:

www.sefa-bilingual.com/bonus

Gratis toegang met het wachtwoord:

Nederlands: **WSNL2121**

Duits: **WSDE1314**

sefa
Ulrich Renz · Marc Robitzky
De wilde zwanen
Die wilden Schwäne
Een sprookje naar
Hans Christian Andersen
+ audio
+ video
Nederlands
tweetalig
Duits

Er waren eens twaalf koningskinderen – elf broers en een grote zus, Elisa. Ze leefden gelukkig in een prachtig kasteel.

Es waren einmal zwölf Königskinder – elf Brüder und eine große Schwester, Elisa. Sie lebten glücklich in einem wunderschönen Schloss.

Op een dag stierf hun moeder en een poosje later trouwde de koning opnieuw. Maar de nieuwe vrouw was een boze heks. Ze toverde de elf prinsjes om in zwanen en stuurde ze naar een vreemd land heel ver weg, aan de andere kant van het grote bos.

Eines Tages starb die Mutter, und einige Zeit später heiratete der König erneut. Die neue Frau aber war eine böse Hexe. Sie verzauberte die elf Prinzen in Schwäne und schickte sie weit weg in ein fernes Land jenseits des großen Waldes.

Ze kleedde het meisje in vodden en smeerde haar een zalfje op het gezicht dat haar zo lelijk maakte dat zelfs haar eigen vader haar niet meer herkende en haar uit het kasteel verjaagde. Elisa rende het donkere bos in.

Dem Mädchen zog sie Lumpen an und schmierte ihm eine hässliche Salbe ins Gesicht, so dass selbst der eigene Vater es nicht mehr erkannte und aus dem Schloss jagte. Elisa rannte in den dunklen Wald hinein.

Nu was ze helemaal alleen, en verlangde in het diepst van haar ziel naar haar verdwenen broers. Toen de avond viel maakte ze onder de bomen een bed van mos.

Jetzt war sie ganz allein und sehnte sich aus tiefster Seele nach ihren verschwundenen Brüdern. Als es Abend wurde, machte sie sich unter den Bäumen ein Bett aus Moos.

De volgende ochtend kwam ze bij een stille vijver en schrok ze toen ze daarin haar eigen spiegelbeeld zag. Maar nadat ze zich had gewassen, was ze het mooiste koningskind onder de zon.

Am nächsten Morgen kam sie zu einem stillen See und erschrak, als sie darin ihr Spiegelbild sah. Nachdem sie sich aber gewaschen hatte, war sie das schönste Königskind unter der Sonne.

Na vele dagen bereikte Elisa de grote zee. Op de golven schommelden elf zwanenveren.

Nach vielen Tagen erreichte Elisa das große Meer. Auf den Wellen schaukelten elf Schwanenfedern.

Toen de zon onderging, ruisde er iets in de lucht en elf wilde zwanen landden op het water. Onmiddellijk herkende Elisa haar elf betoverde broers. Maar omdat ze de zwanentaal spraken, kon zij hen niet verstaan.

Als die Sonne unterging, war ein Rauschen in der Luft, und elf wilde Schwäne landeten auf dem Wasser. Elisa erkannte ihre verzauberten Brüder sofort. Weil sie aber die Schwanensprache sprachen, konnte sie sie nicht verstehen.

Overdag vlogen de zwanen weg, maar ‘s nachts vlijden de broers en zus zich in een grot tegen elkaar aan.

In een nacht had Elisa een vreemde droom: Haar moeder vertelde haar hoe ze haar broers kon bevrijdden. Ze moest voor iedere zwaan een hemdje van brandnetels breien en het dan over hem heen werpen. Tot die tijd mocht ze geen woord spreken, want anders zouden de broers sterven.
Elisa ging gelijk aan het werk. Hoewel haar handen brandden als vuur, breide ze onvermoeid door.

Tagsüber flogen die Schwäne fort, nachts kuschelten sich die Geschwister in einer Höhle aneinander.

Eines Nachts hatte Elisa einen sonderbaren Traum: Ihre Mutter sagte ihr, wie sie die Brüder erlösen könne. Aus Brennnesseln solle sie für jeden Schwan ein Hemdchen stricken und es ihm überwerfen. Bis dahin aber dürfe sie kein einziges Wort reden, sonst müssten ihre Brüder sterben.
Elisa machte sich sofort an die Arbeit. Obwohl ihre Hände wie Feuer brannten, strickte sie unermüdlich.

Op een dag klonken er in de verte jachthoorns. Een prins met zijn gevolg kwam aangereden en stond al snel voor haar. Toen ze elkaar in de ogen keken, werden ze verliefd.

Eines Tages ertönten in der Ferne Jagdhörner. Ein Prinz kam mit seinem Gefolge angeritten und stand schon bald vor ihr. Als die beiden sich in die Augen schauten, verliebten sie sich ineinander.

De prins tilde Elisa op zijn paard en reed met haar naar zijn kasteel.

Der Prinz hob Elisa auf sein Pferd und nahm sie mit auf sein Schloss.

De machtige schatbewaarder was over de aankomst van het stomme meisje helemaal niet blij. Zijn eigen dochter zou de bruid van de prins moeten worden.

Der mächtige Schatzmeister war über die Ankunft der stummen Schönen alles andere als erfreut. Seine eigene Tochter sollte die Braut des Prinzen werden.

Elisa was haar broers niet vergeten. Iedere avond werkte ze verder aan de hemdjes. Op een nacht sloop ze naar het kerkhof om verse brandnetels te plukken. Daarbij had de schatbewaarder haar in het geheim gade geslagen.

Elisa hatte ihre Brüder nicht vergessen. Jeden Abend arbeitete sie weiter an den Hemdchen. Eines Nachts ging sie hinaus auf den Friedhof, um frische Brennnesseln zu holen. Dabei beobachtete der Schatzmeister sie heimlich.

Zodra de prins op jacht was, liet de schatbewaarder Elisa in de kerker gooien. Hij beweerde dat zij een heks was die 's nachts andere heksen ontmoette.

Sobald der Prinz auf einem Jagdausflug war, ließ der Schatzmeister Elisa in den Kerker werfen. Er behauptete, dass sie eine Hexe sei, die sich nachts mit anderen Hexen treffe.

Bij het aanbreken van de dag werd Elisa door de bewakers opgehaald. Ze zou op de markt worden verbrand.

Im Morgengrauen wurde Elisa von den Wachen abgeholt. Sie sollte auf dem Marktplatz verbrannt werden.

Nauwelijks waren ze daar aangekomen toen plotseling elf witte zwanen aangevlogen kwamen. Snel gooide Elisa iedere zwaan een brandnetel-hemdje over. Al gauw stonden al haar broers als mensen voor haar. Alleen de kleinste, wiens hemdje nog niet helemaal klaar was, had nog een vleugel in plaats van een arm.

Kaum war sie dort angekommen, als plötzlich elf weiße Schwäne geflogen kamen. Schnell warf Elisa jedem ein Nesselhemdchen über. Bald standen alle ihre Brüder in Menschengestalt vor ihr. Nur der Kleinste, dessen Hemd nicht ganz fertig geworden war, behielt anstelle eines Armes einen Flügel.

Het omhelzen en kussen van de broers en zus was nog niet afgelopen toen de prins terugkeerde. Eindelijk kon Elisa hem alles uitleggen. De prins liet de boze schatbewaarder in de kerker gooien. En daarna werd er zeven dagen lang bruiloft gevierd.

En ze leefden nog lang en gelukkig.

Das Herzen und Küssen der Geschwister hatte noch kein Ende genommen, als der Prinz zurückkam. Endlich konnte Elisa ihm alles erklären. Der Prinz ließ den bösen Schatzmeister in den Kerker werfen. Und dann wurde sieben Tage lang Hochzeit gefeiert.

Und wenn sie nicht gestorben sind, dann leben sie noch heute.

Hans Christian Andersen

Hans Christian Andersen werd 1805 in de Deense stad Odense geboren en overleed in 1875 te Kopenhagen. Door de sprookjes zoals “De kleine zeemeermin”, “De nieuwe kleren van de keizer” of “Het lelijke eendje” werd hij wereldberoemd. Dit sprookje, “De wilde zwanen”, werd voor het eerst in 1838 gepubliceerd. Het werd sindsdien in meer dan honderd talen vertaald en in vele versies o.a. ook voor het theater, film en musical bewerkt.

Barbara Brinkmann werd geboren in 1969 in München (Duitsland). Ze studeerde architectuur in München en is momenteel werkzaam bij de faculteit Bouwkunde van de Technische Universiteit van München. Ze werkt ook als grafisch ontwerper, illustrator en auteur.

Cornelia Haas werd geboren in 1972 in Ichenhausen bij Augsburg (Duitsland). Ze studeerde design aan de Hogeschool van Münster, waar ze als ontwerpster afstudeerde. Sinds 2001 illustreert ze boeken voor kinderen en jongeren en sinds 2013 doceert ze acryl- en digitale schilderkunst aan de Hogeschool Münster.

Marc Robitzky, geboren in 1973, studeerde aan de technische kunstschool in Hamburg en de Academie voor Beeldende Kunsten in Frankfurt. Hij werkte als zelfstandig illustrator en communicatie designer in Aschaffenburg (Duitsland).

Ulrich Renz werd geboren in 1960 in Stuttgart (Duitsland). Hij studeerde Franse literatuur in Parijs en geneeskunde in Lübeck, waarna hij als directeur van een wetenschappelijke uitgeverij werkte. Vandaag de dag is Renz freelance auteur en schrijft hij naast non-fictie ook boeken voor kinderen en jongeren.

Hou je van tekenen?

Hier vindt je alle illustraties van het verhaal om in te kleuren:

www.sefa-bilingual.com/coloring

www.ingramcontent.com/pod-product-compliance
Lightning Source LLC
LaVergne TN
LVHW070442080526
838202LV00035B/2700